PER FARE LA VERDURA Ci VUOLE LA PiANTA

IDEATO, REALIZZATO E
PUBBLICATO DA ME

PRIMA EDIZIONE: 2024

GNAM

iMMERGiTi NELLE iLLUSTRAZiONI

LiBERA LA TUA iMMAGINAZIONE

ASPARAGO SU TAGLIERE

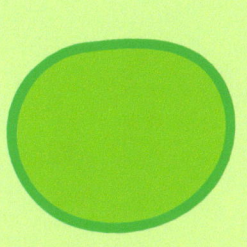

ASPARAGO SU
SFONDO VERDE

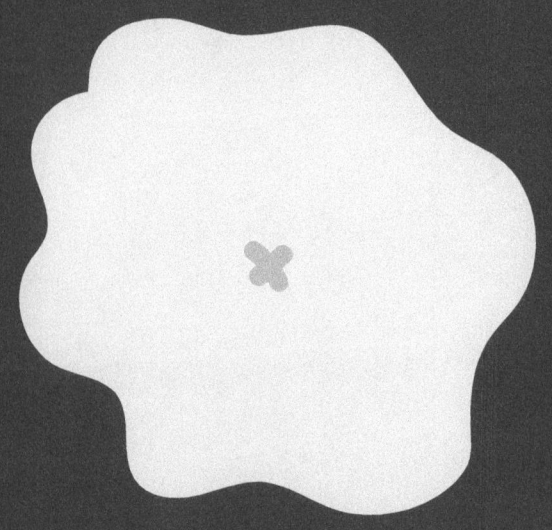

AGLIO SU TAGLIERE

AGLIO SU
SFONDO BIANCO

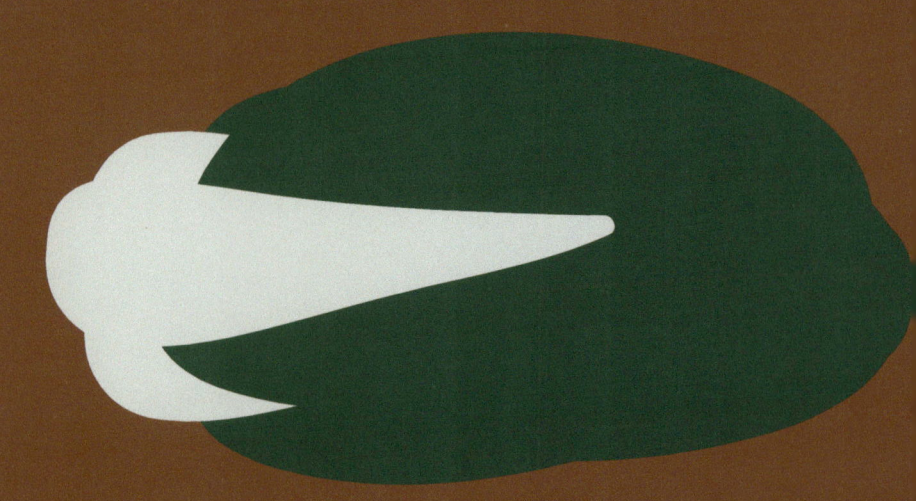

BIETOLA SU TAGLIERE

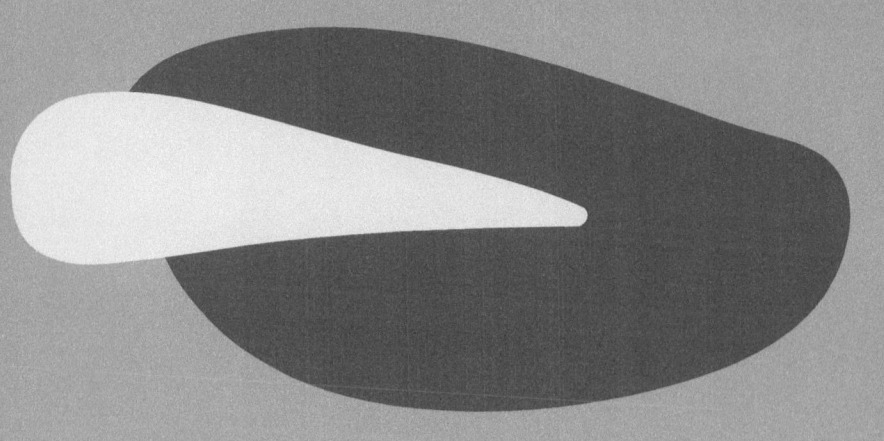

BiETOLA SU
SFONDO VERDE

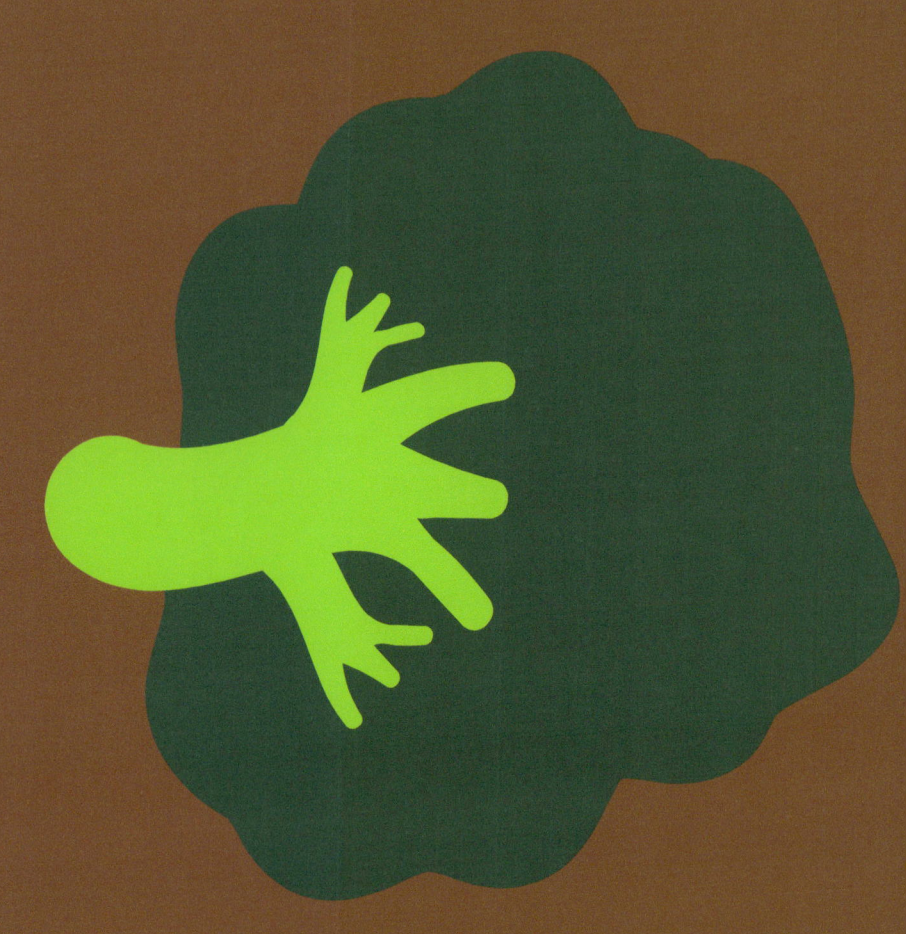

BROCCOLO SU TAGLIERE

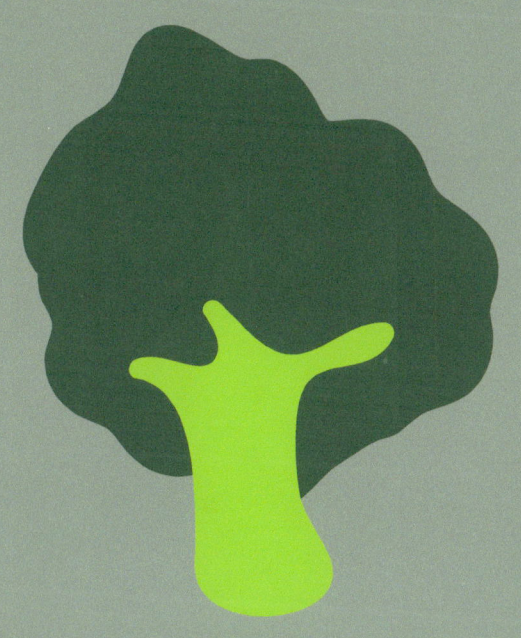

BROCCOLO SU
SFONDO VERDE

BARBABIETOLA SU TAGLIERE

BARBABiETOLA SU
SFONDO ROSSO

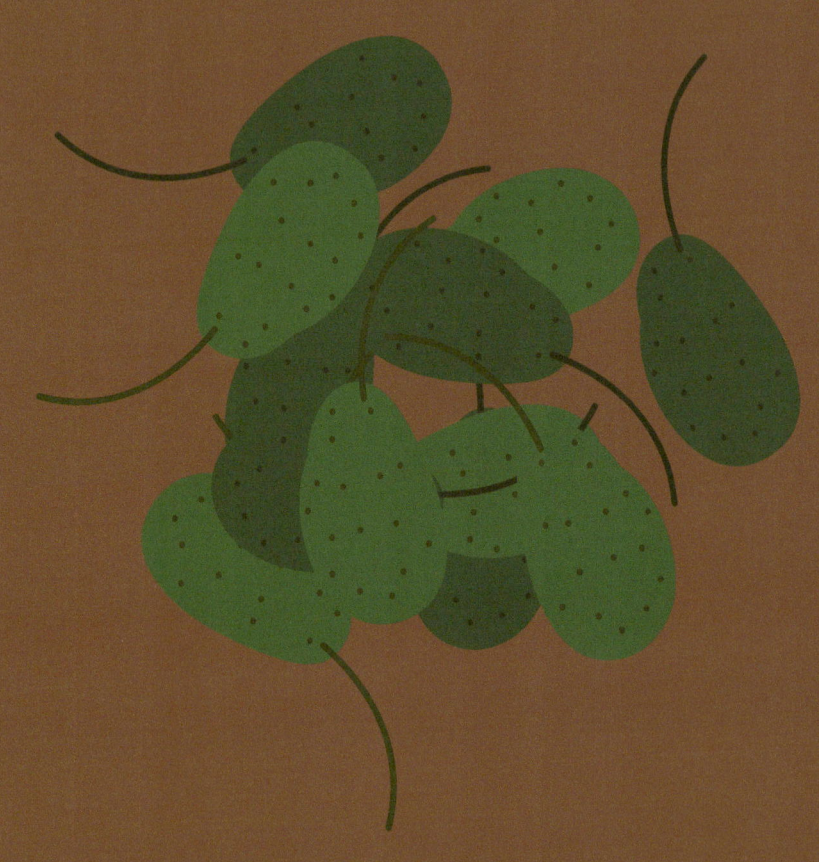

CAPPERi SU TAGLiERE

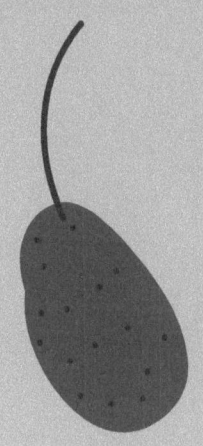

CAPPERO SU
SFONDO VERDE

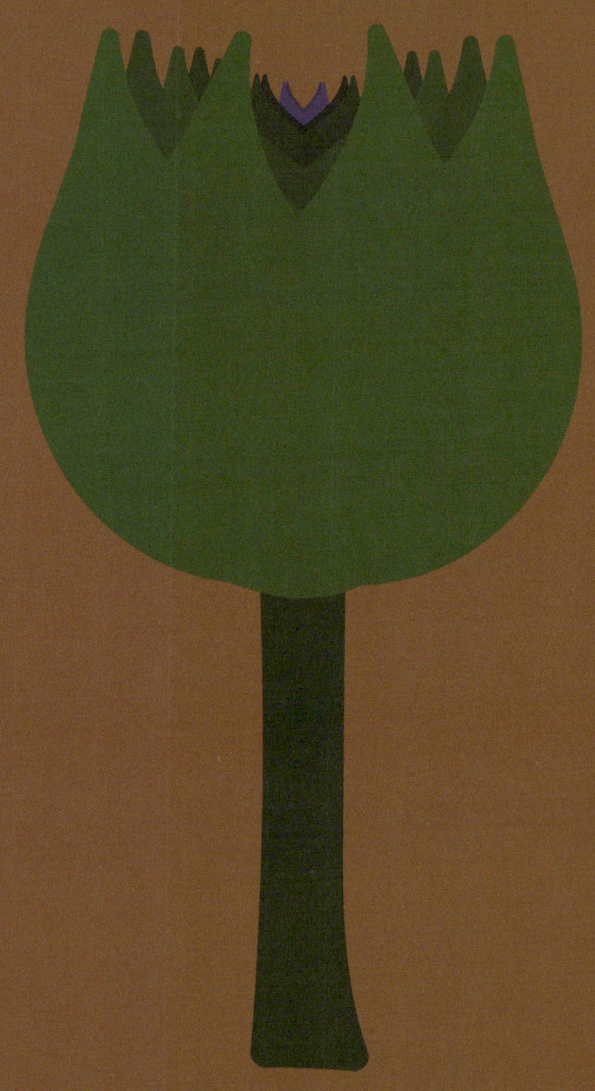

CARCIOFO SU TAGLIERE

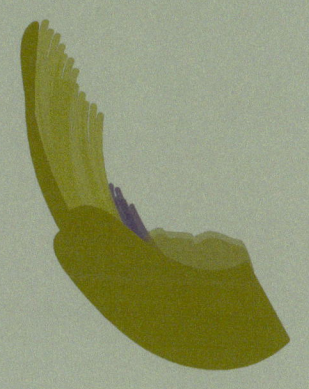

CARCiOFO SU
SFONDO VERDE

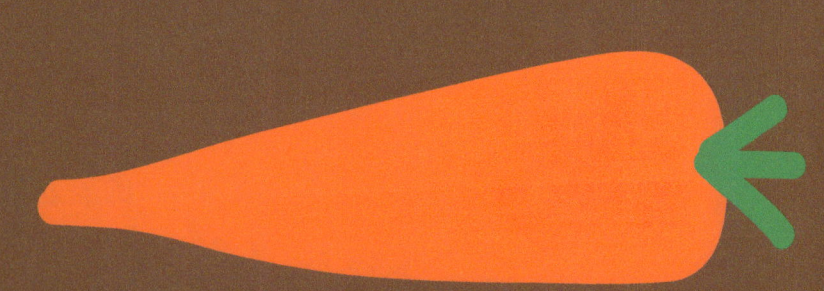

CAROTA SU TAGLIERE

CAROTA SU
SFONDO ARANCIO

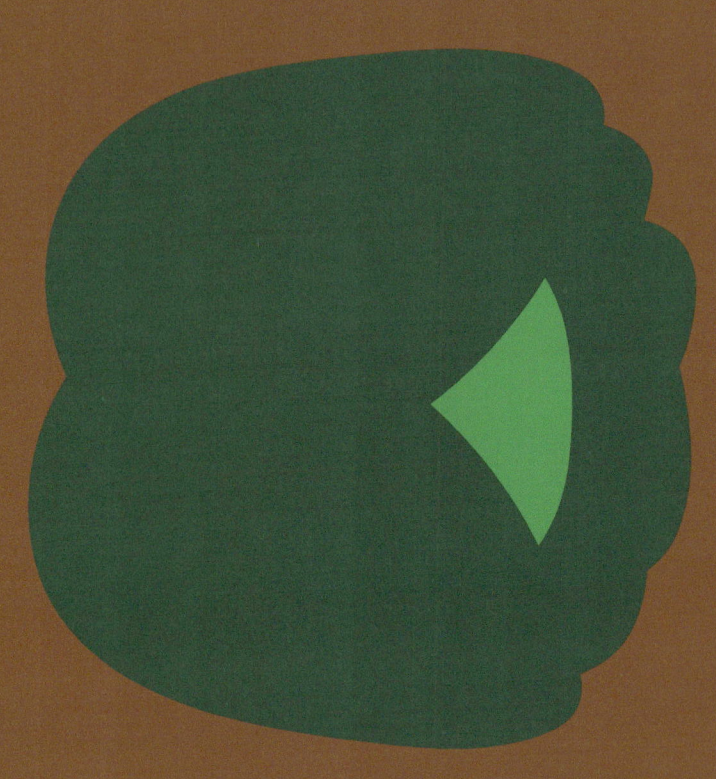

CAVOLO SU TAGLIERE

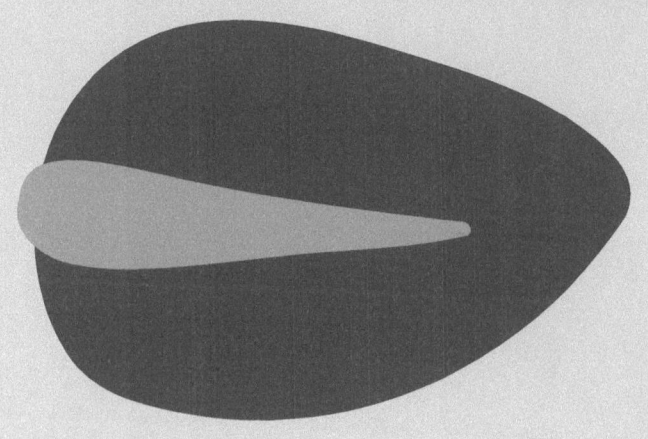

CAVOLO SU
SFONDO VERDE

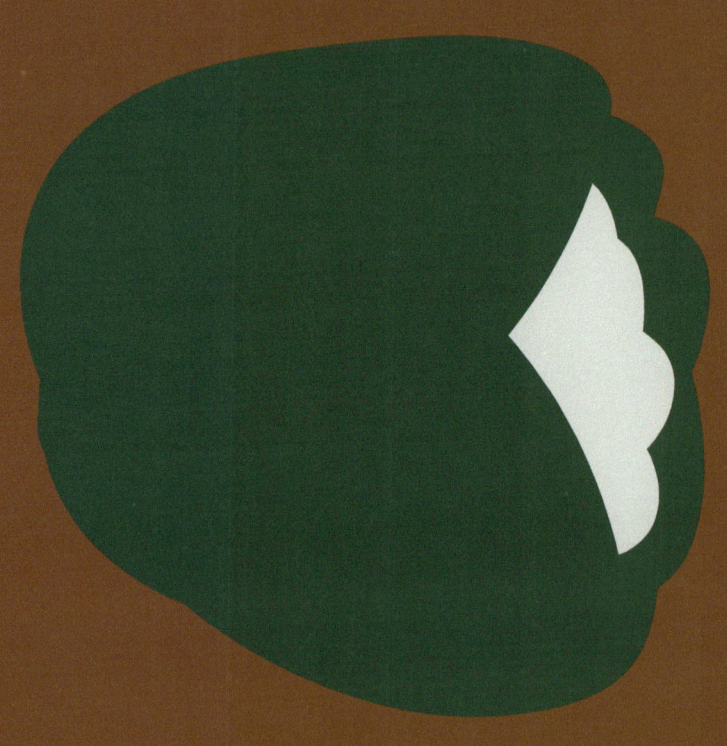

CAVOLFIORE SU TAGLIERE

CAVOLFIORE SU
SFONDO BIANCO

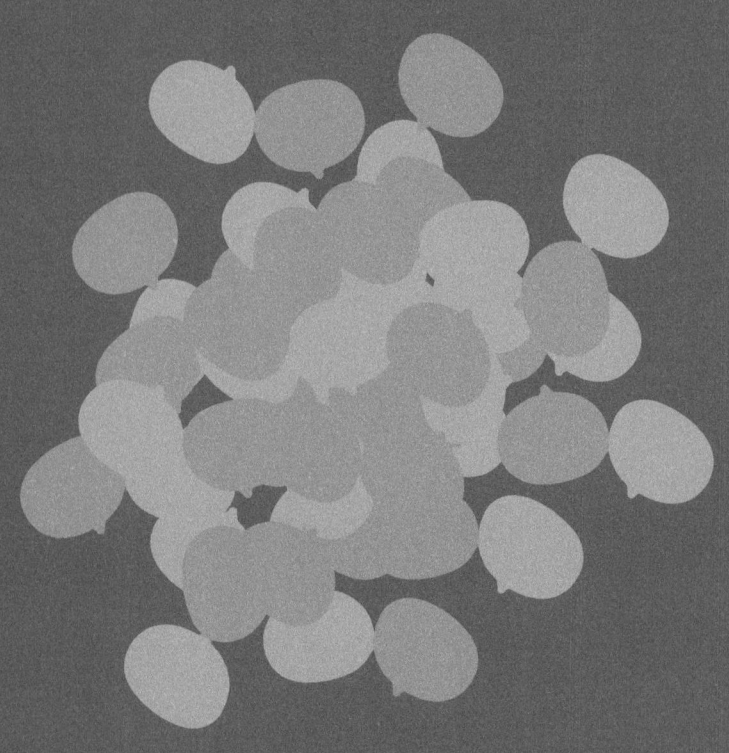

CECI SU TAGLIERE

CECE SU
SFONDO MARRONE

CETRIOLO SU TAGLIERE

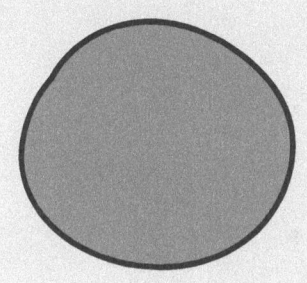

CETRIOLO SU
SFONDO VERDE

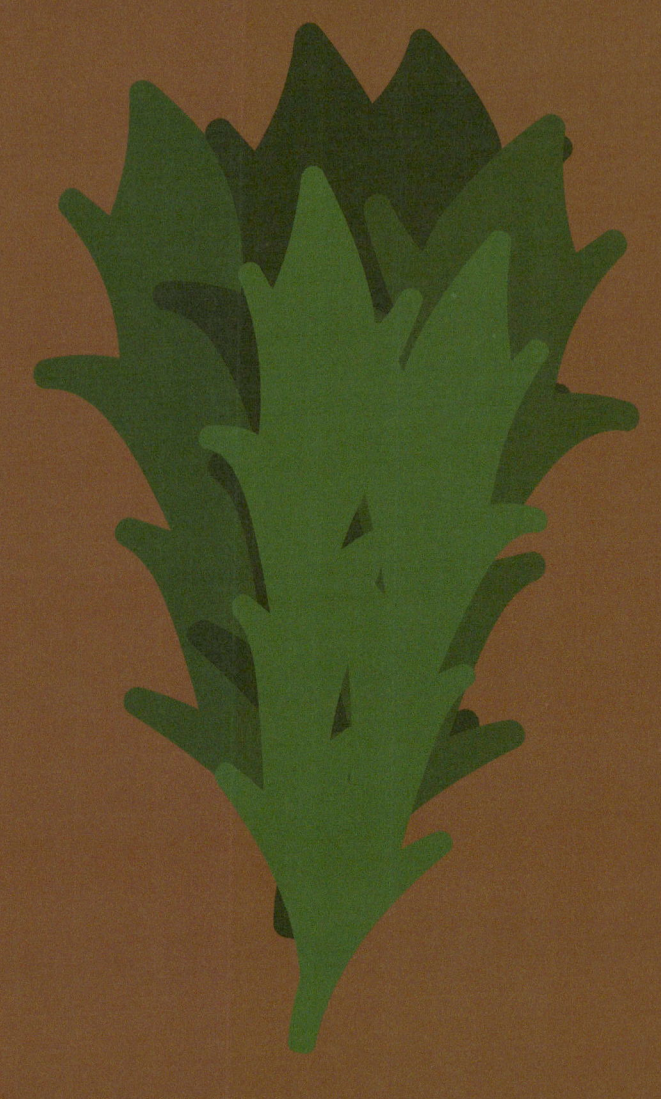

CICORIA SU TAGLIERE

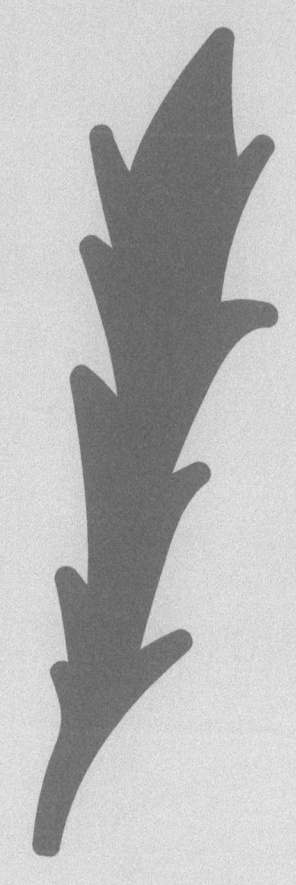

CICORIA SU
SFONDO VERDE

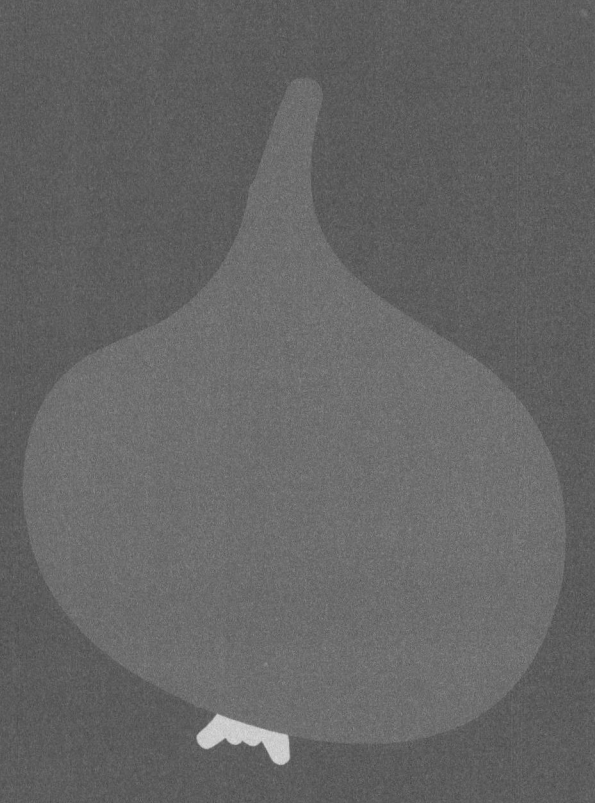

CIPOLLA SU TAGLIERE

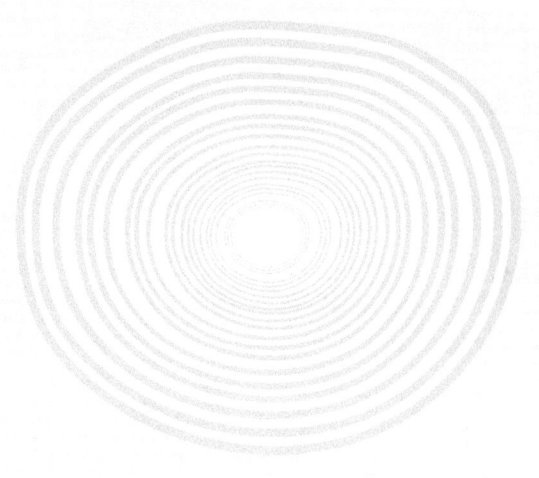

CIPOLLA SU
SFONDO BIANCO

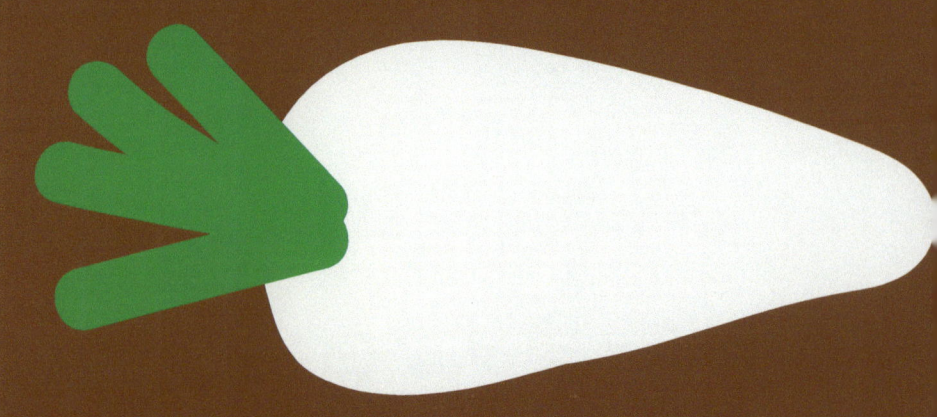

DAIKON SU TAGLIERE

DAIKON SU
SFONDO BIANCO

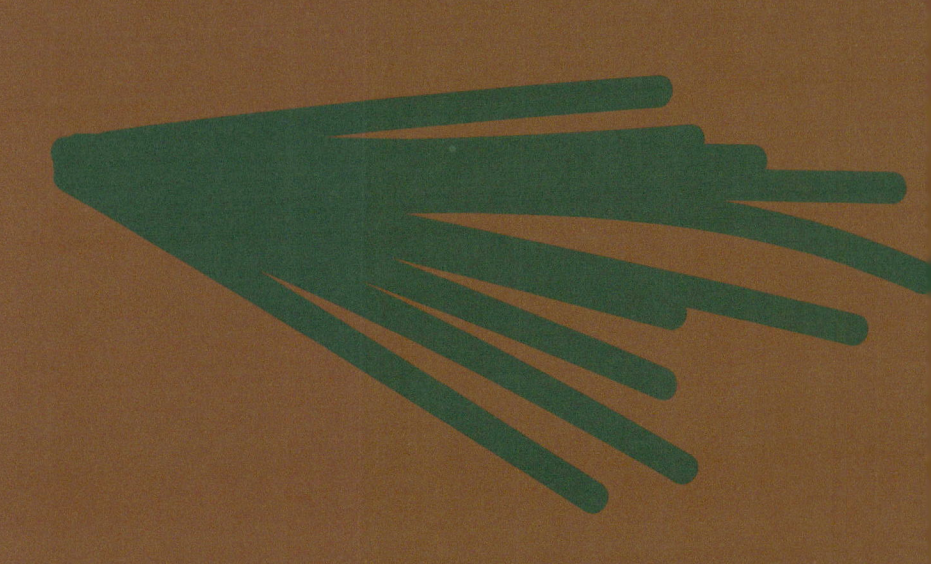

ERBA CiPOLLiNA SU TAGLiERE

ERBA CiPOLLiNA SU
SFONDO VERDE

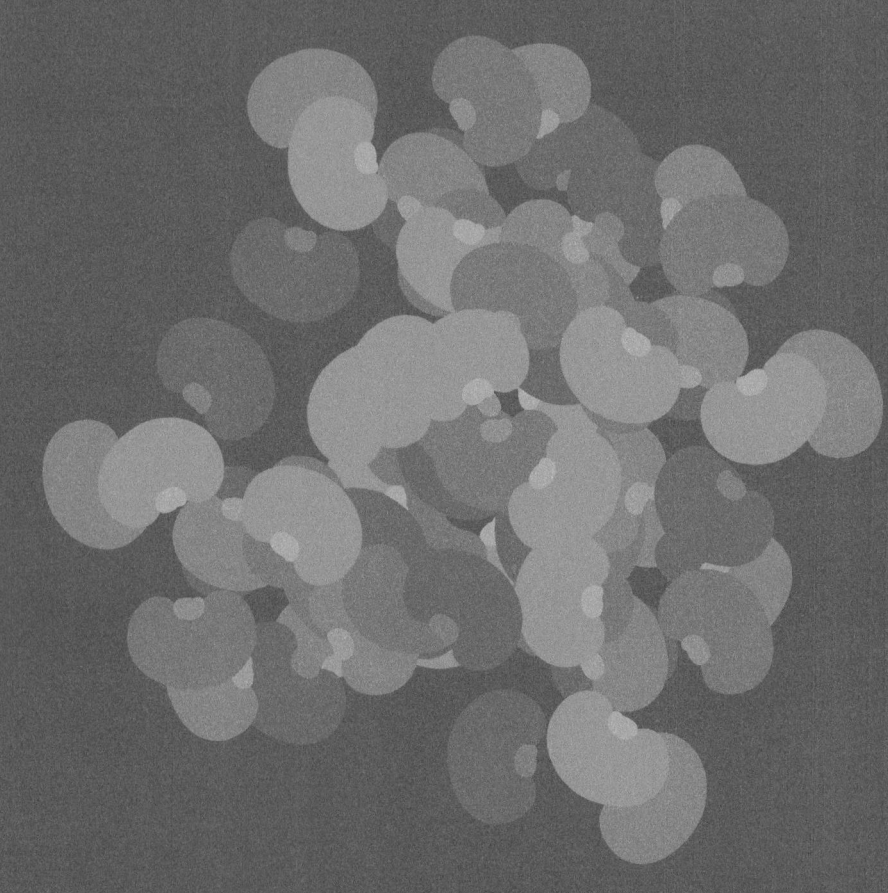

FAGIOLI SU TAGLIERE

FAGIOLO SU
SFONDO MARRONE

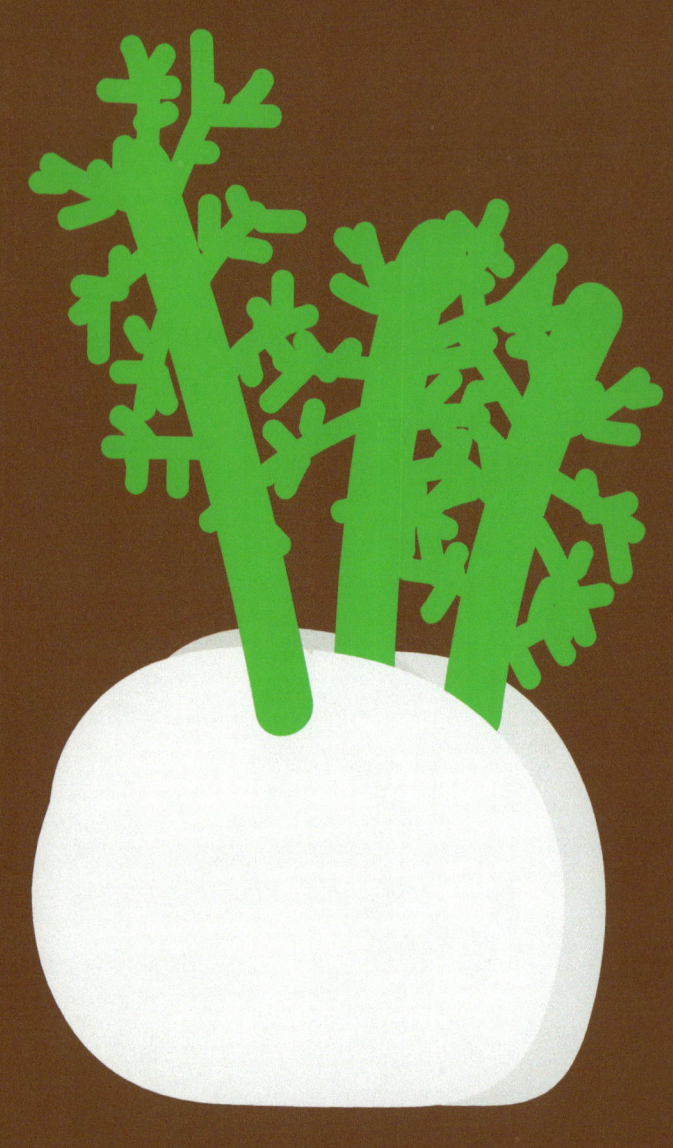

FINOCCHIO SU TAGLIERE

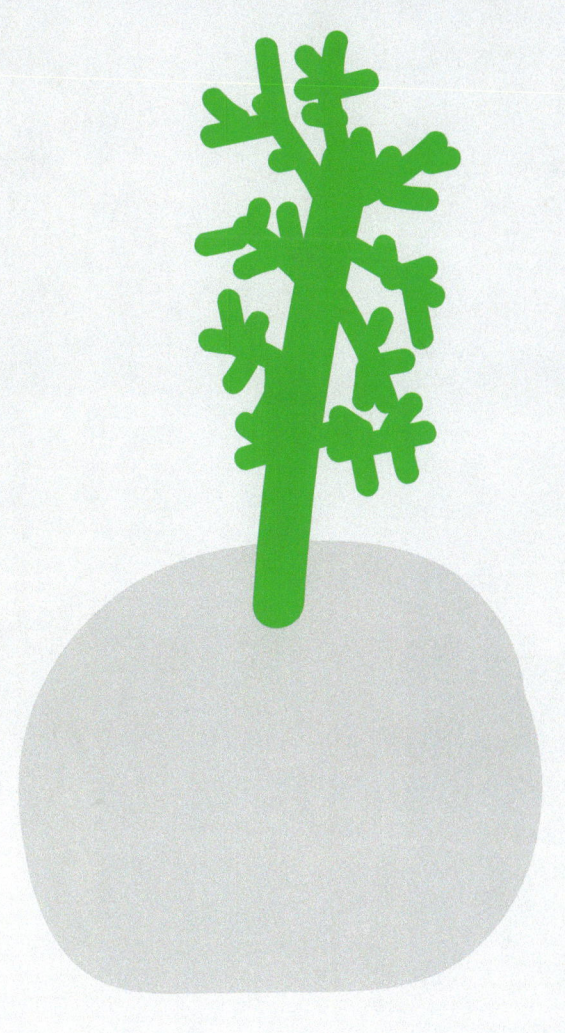

FINOCCHIO SU
SFONDO BIANCO

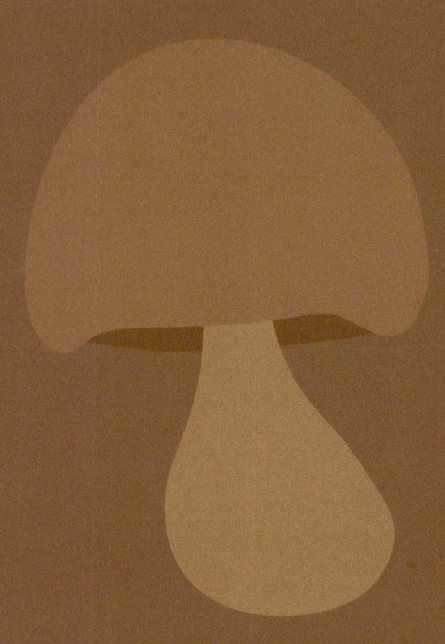

FUNGO SU TAGLIERE

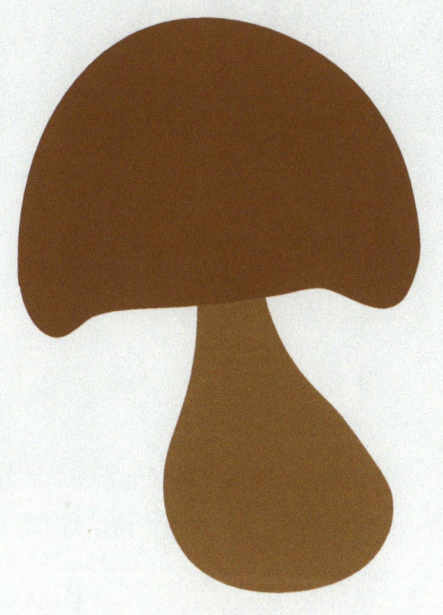

FUNGO SU
SFONDO MARRONE

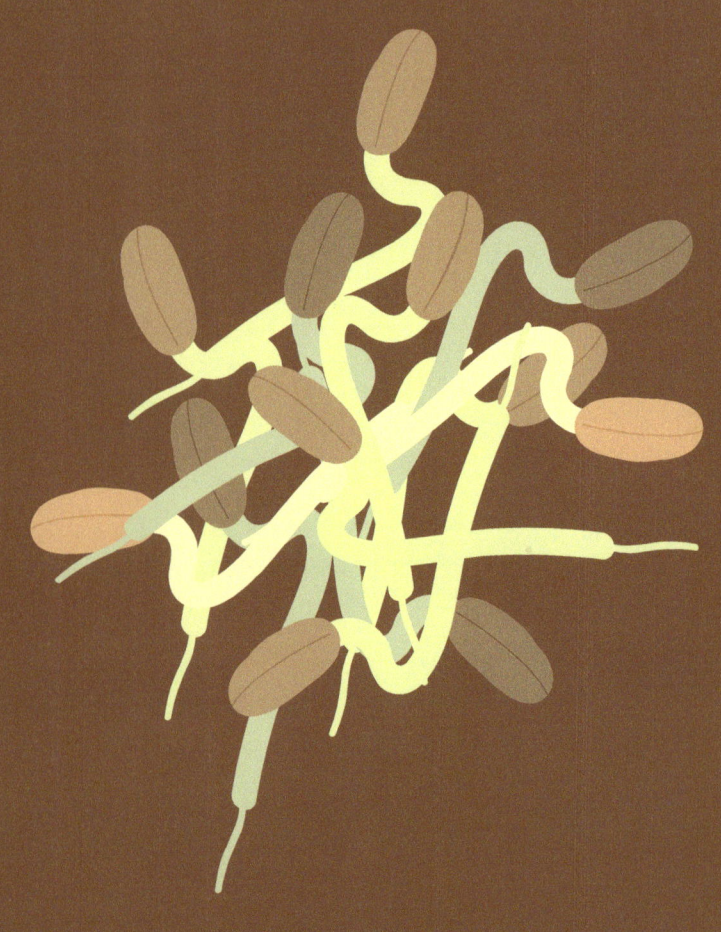

GERMOGLi Di SOiA SU TAGLiERE

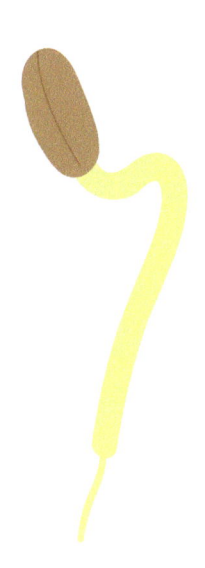

GERMOGLi Di SOiA SU
SFONDO BiANCO

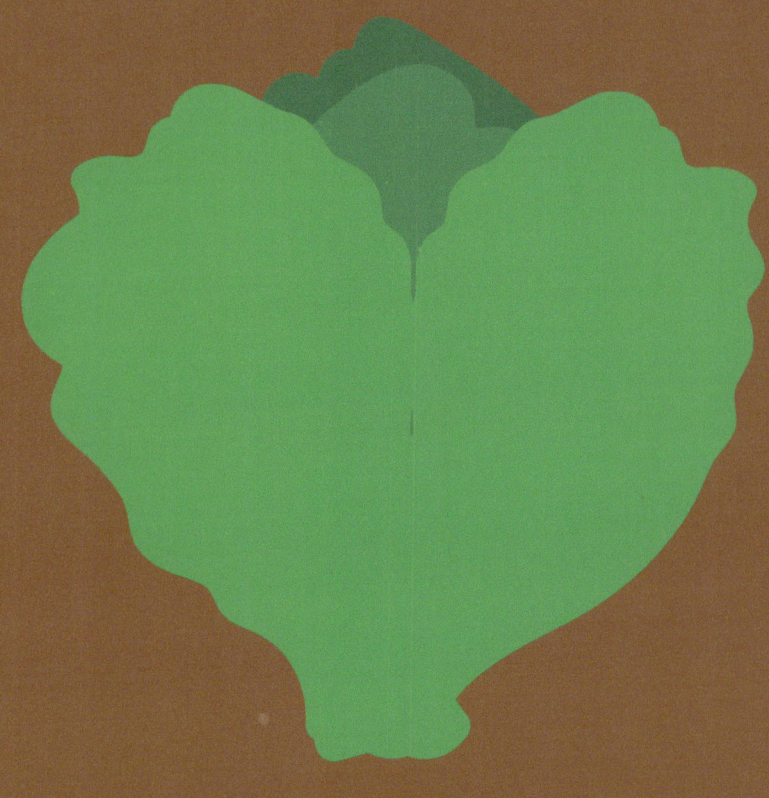

INSALATA SU TAGLIERE

INSALATA SU
SFONDO VERDE

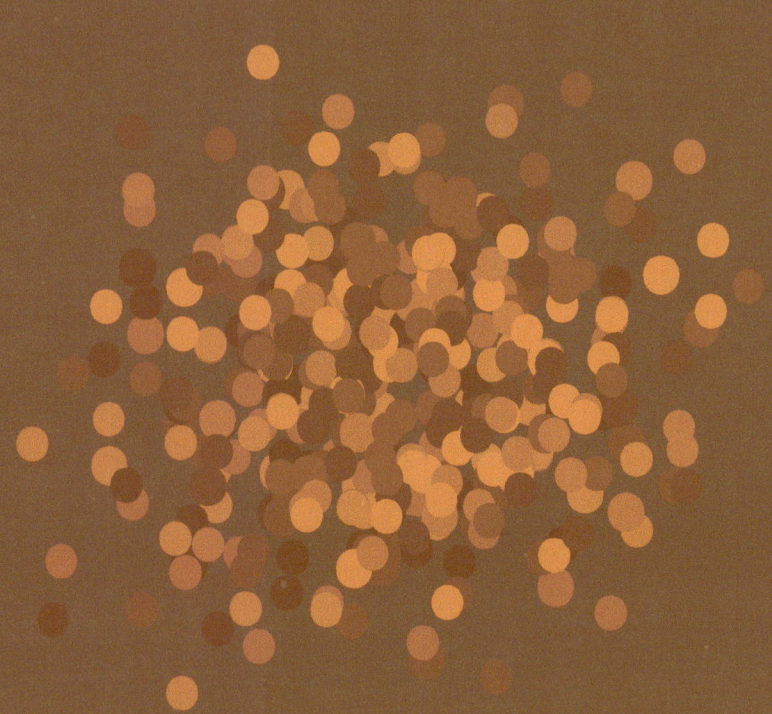

LENTICCHIE SU TAGLIERE

LENTICCHIA SU
SFONDO MARRONE

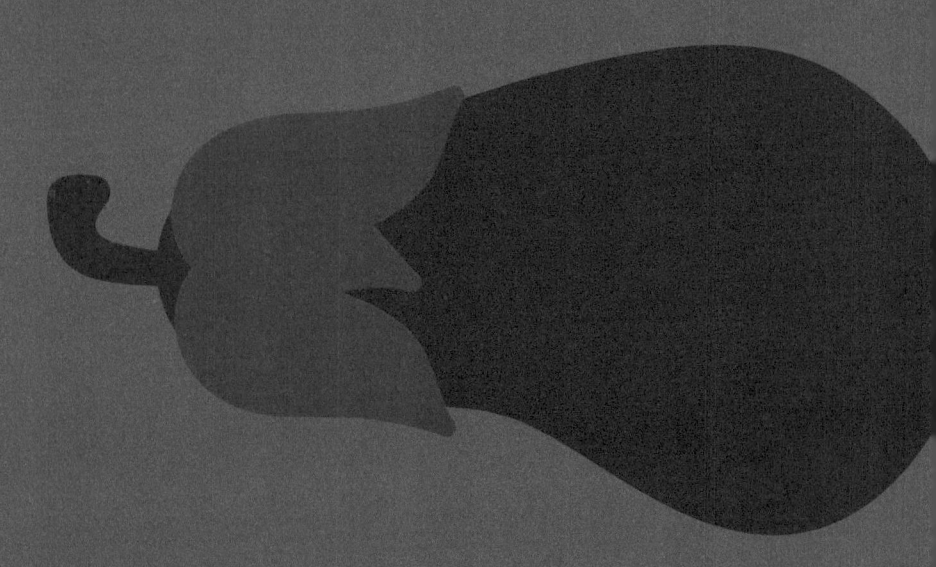

MELANZANA SU TAGLIERE

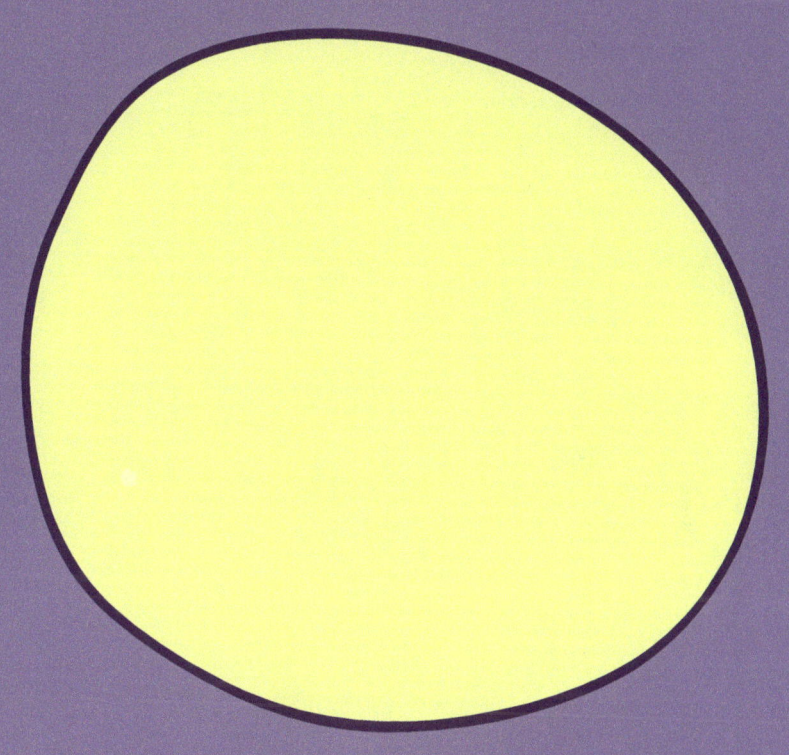

MELANZANA SU
SFONDO VIOLA

OLIVE SU TAGLIERE

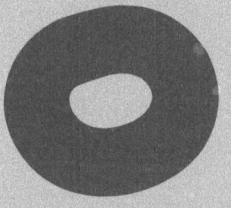

OLIVA SU
SFONDO VERDE

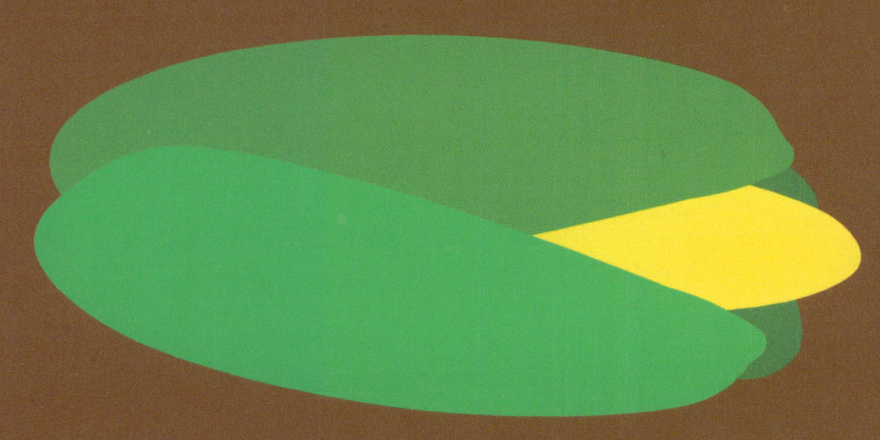

PANNOCCHIA SU TAGLIERE

MAiS SU
SFONDO GiALLO

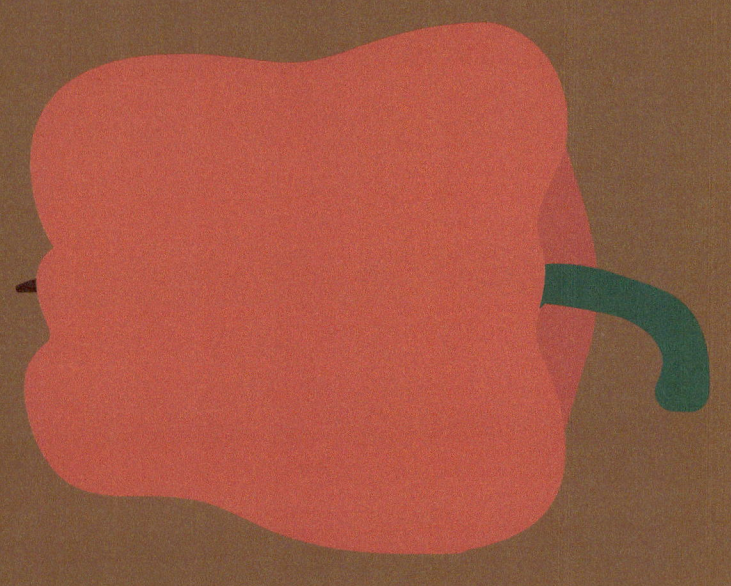

PEPERONE SU TAGLIERE

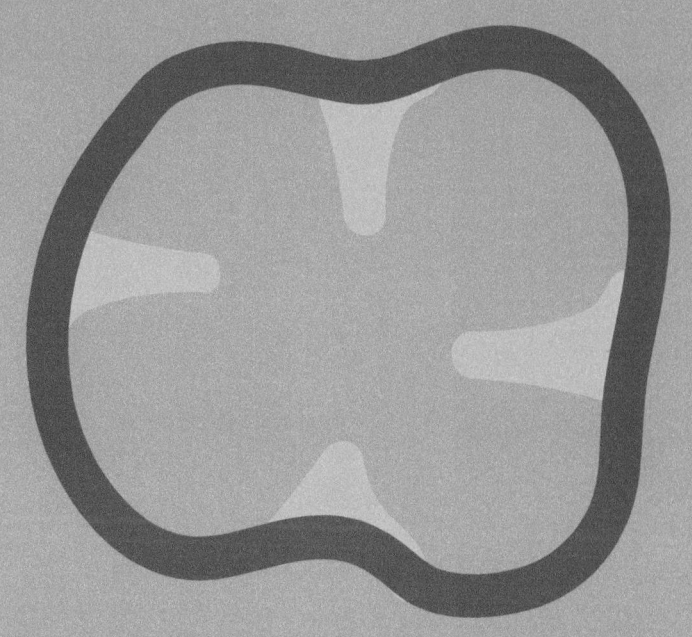

PEPERONE SU
SFONDO ROSSO

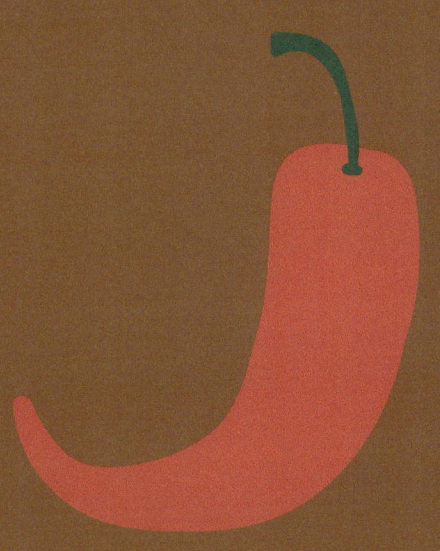

PEPERONCINO SU TAGLIERE

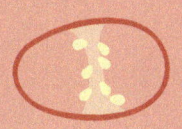

PEPERONCINO SU
SFONDO ROSSO

PATATA SU TAGLIERE

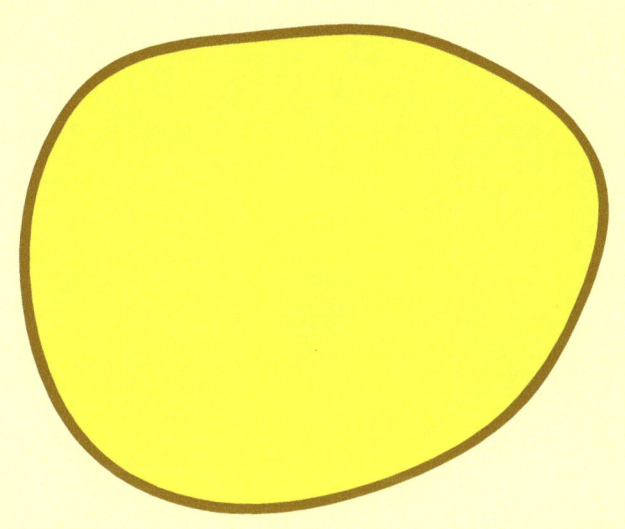

PATATA SU
SFONDO GIALLO

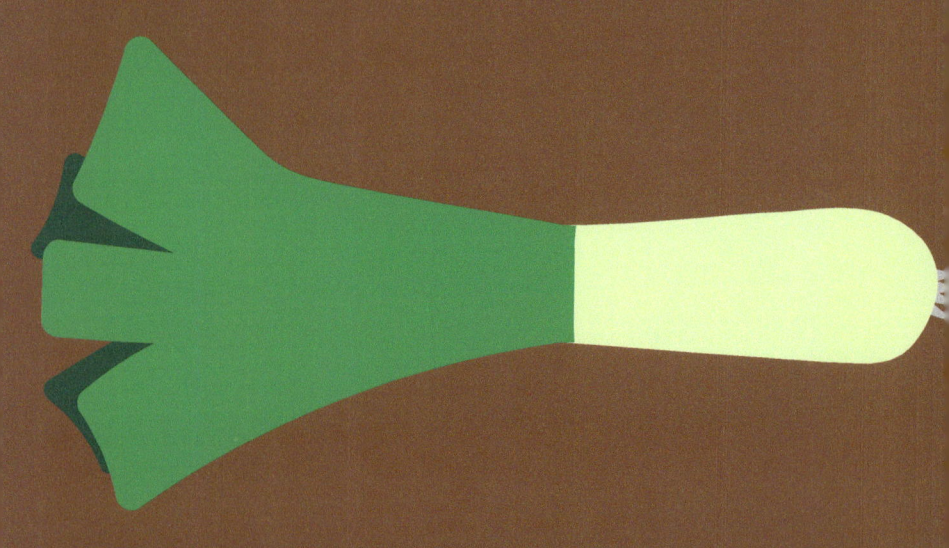

PORRO SU TAGLIERE

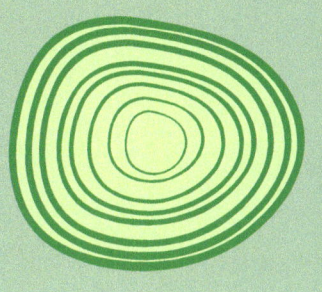

PORRO SU
SFONDO VERDE

PISELLO SU TAGLIERE

PISELLO SU
SFONDO VERDE

PASTINACA SU TAGLIERE

PASTINACA SU
SFONDO BIANCO

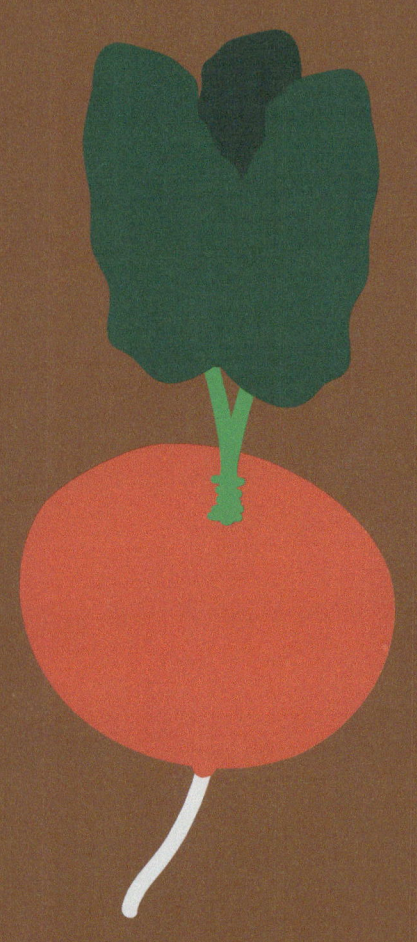

RAPANELLO SU TAGLIERE

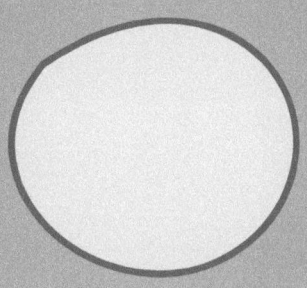

RAPANELLO SU
SFONDO ROSSO

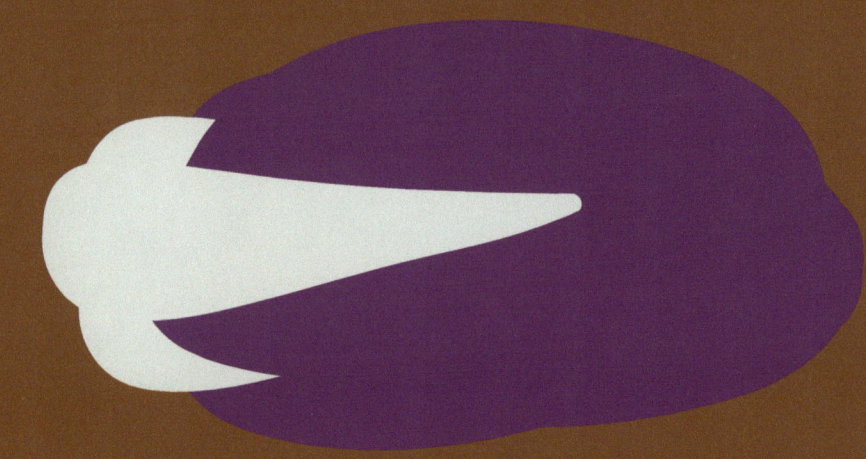

RADICCHIO SU TAGLIERE

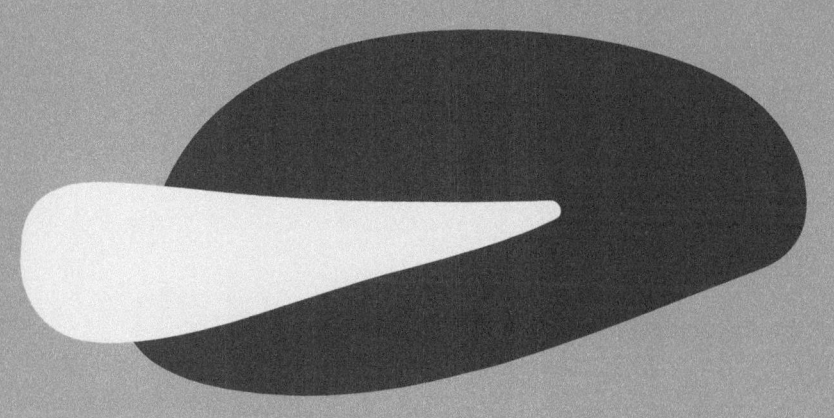

RADICCHIO SU
SFONDO VIOLA

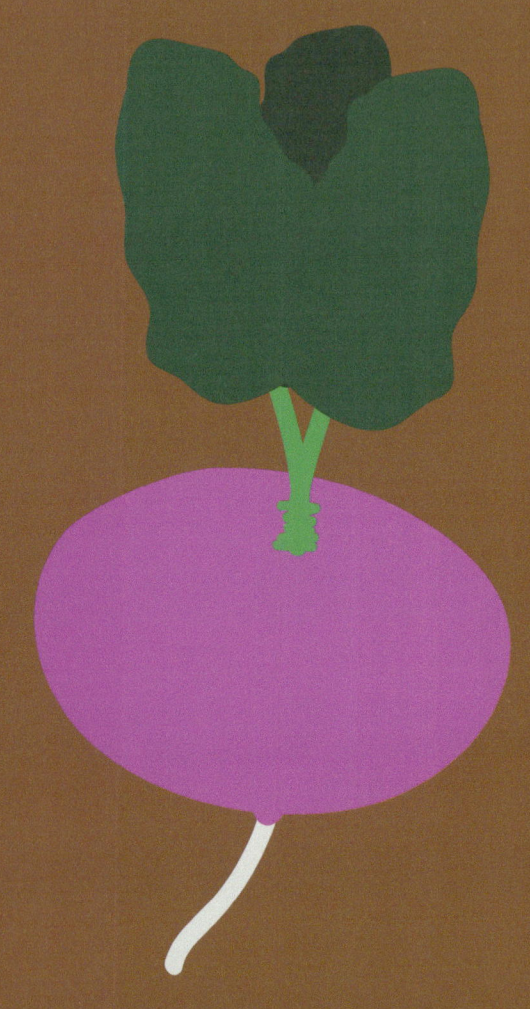

RAPA SU TAGLIERE

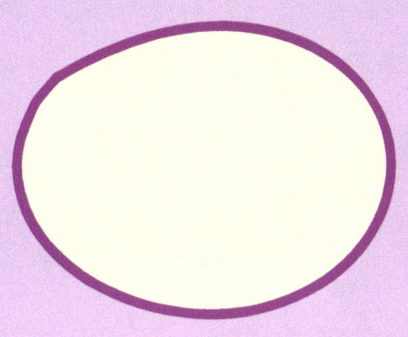

RAPA SU
SFONDO ViOLA

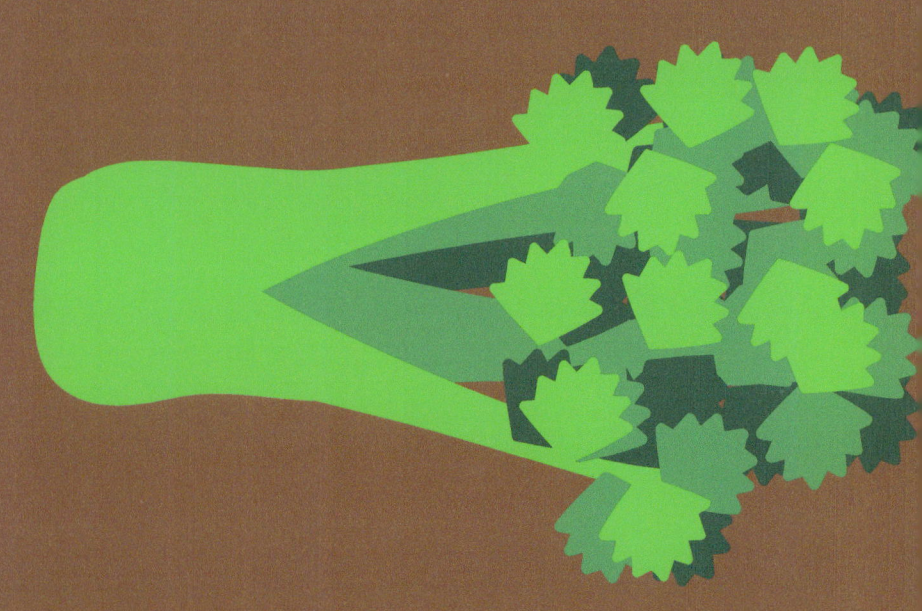

SEDANO SU TAGLIERE

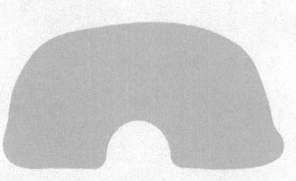

SEDANO SU
SFONDO VERDE

SCALOGNO SU TAGLIERE

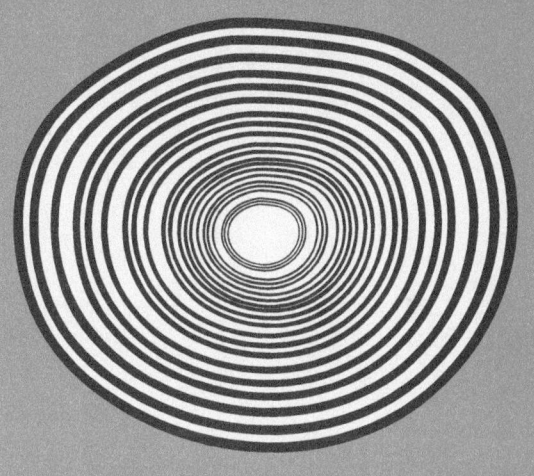

SCALOGNO SU
SFONDO VIOLA

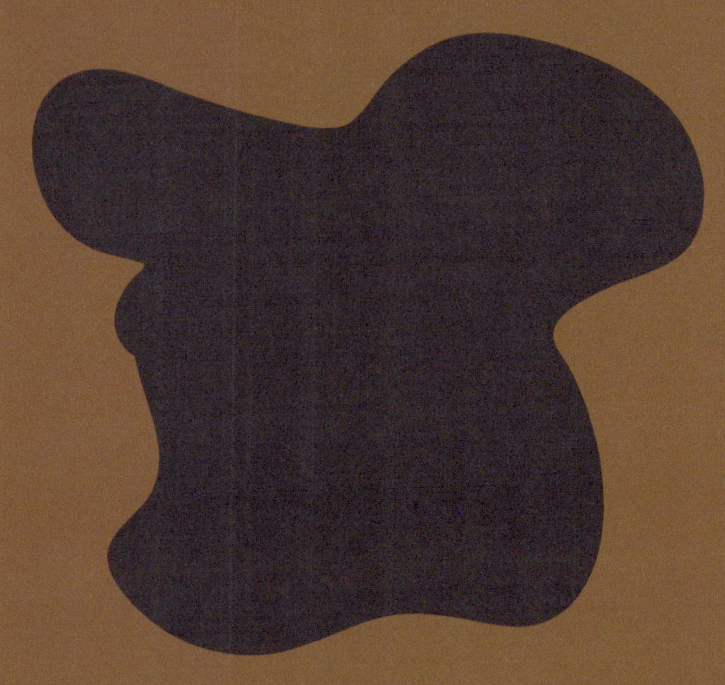

TARTUFO SU TAGLIERE

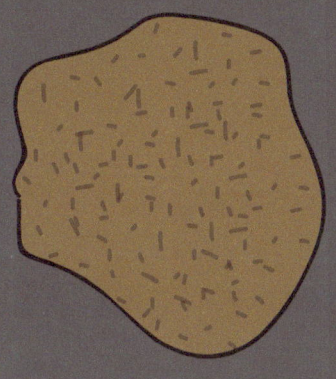

TARTUFO SU
SFONDO NERO

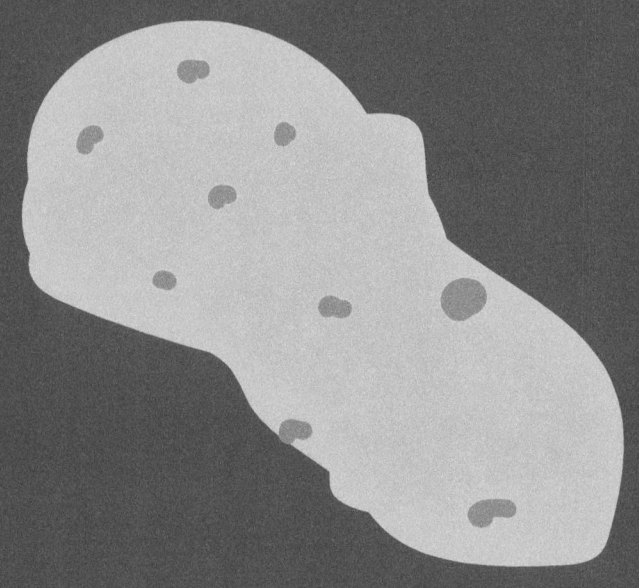

TOPINAMBUR SU TAGLIERE

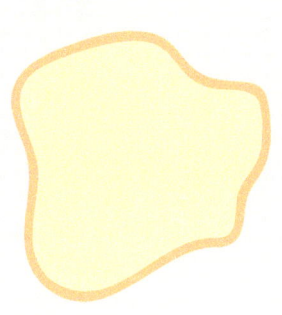

TOPINAMBUR SU
SFONDO BIANCO

VERZA SU TAGLIERE

VERZA SU
SFONDO VERDE

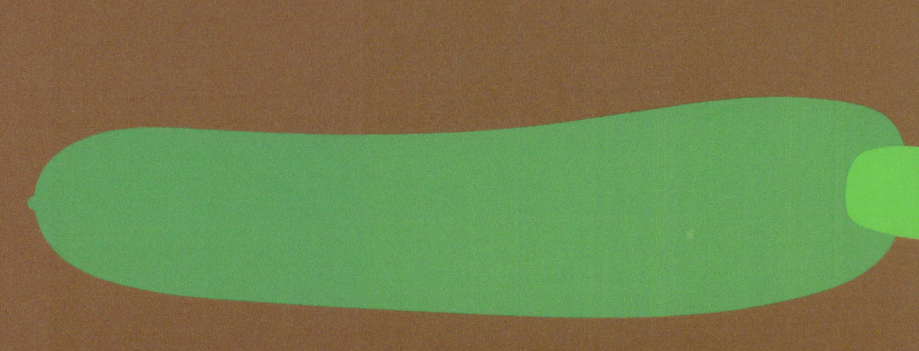

ZUCCHiNA SU TAGLiERE

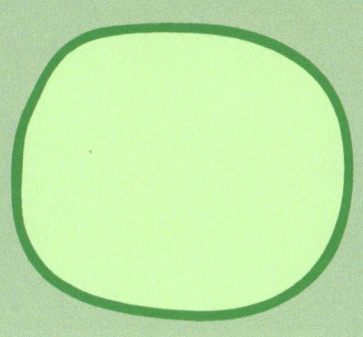

ZUCCHINA SU
SFONDO VERDE

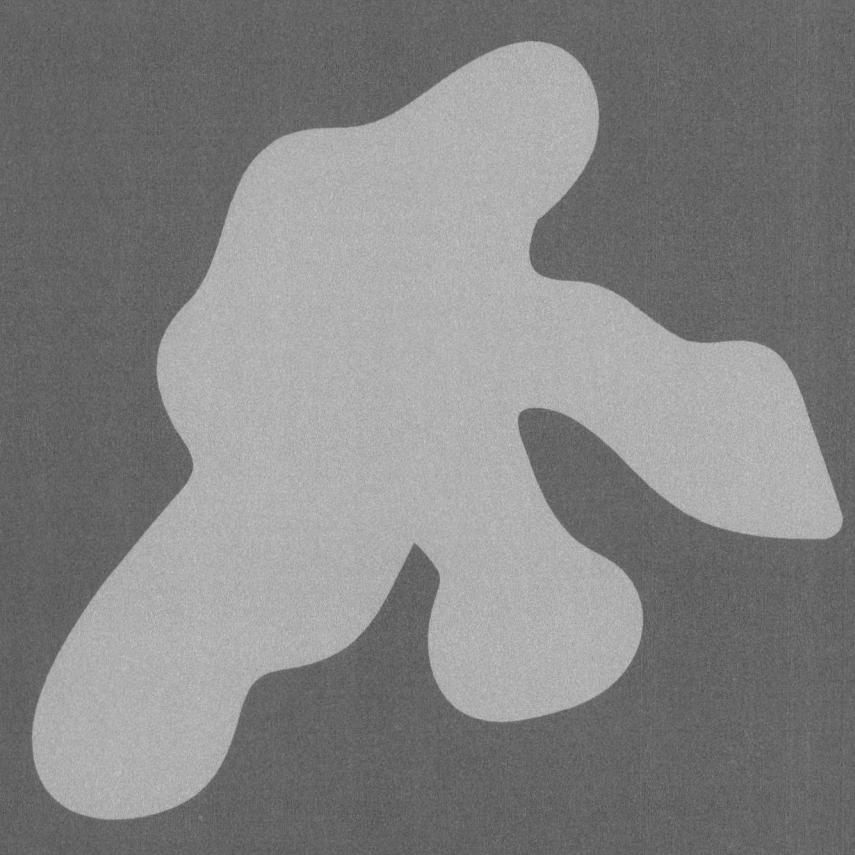

ZENZERO SU TAGLIERE

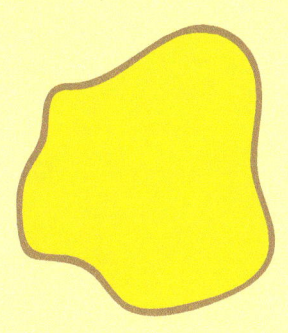

ZENZERO SU
SFONDO GIALLO

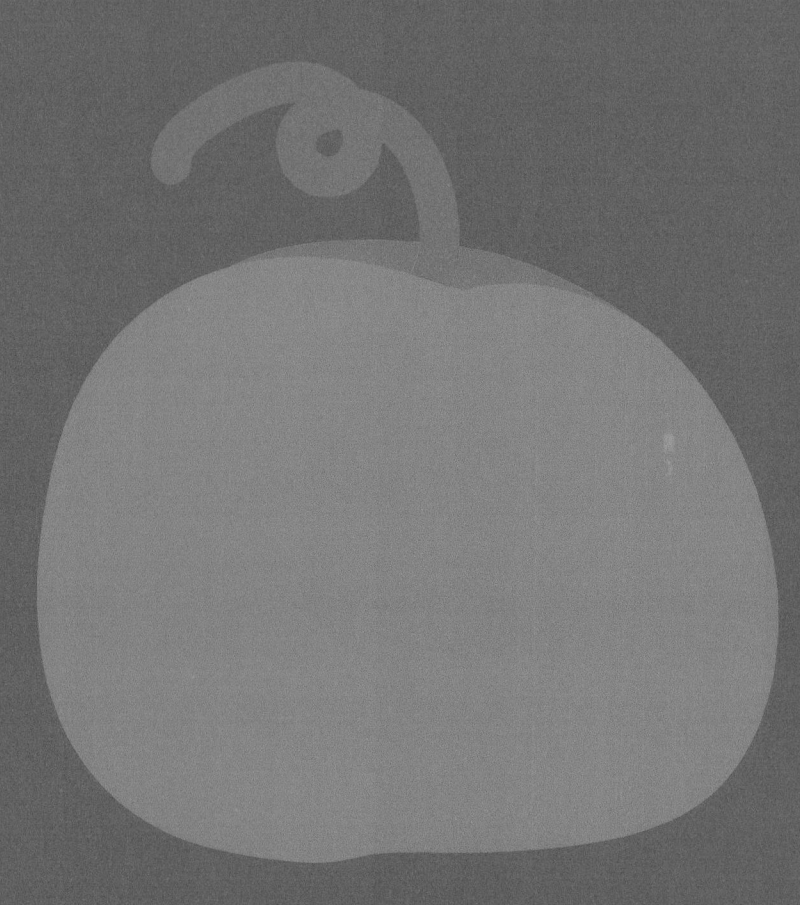

ZUCCA SU TAGLIERE

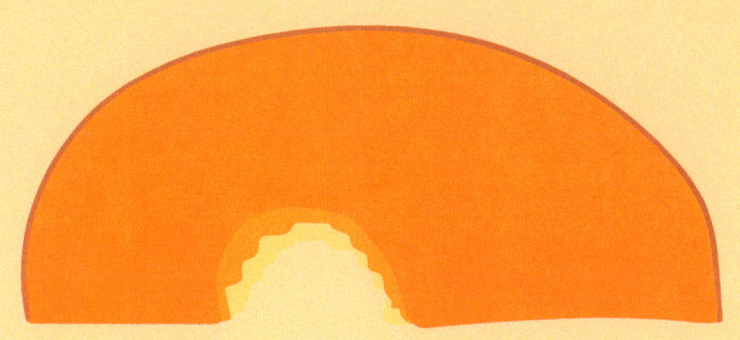

ZUCCA SU
SFONDO ARANCIO

CONSIGLIO:

ORA CHE HAI LETTO QUESTO LIBRO,
PREPARA UN BUON MINESTRONE.

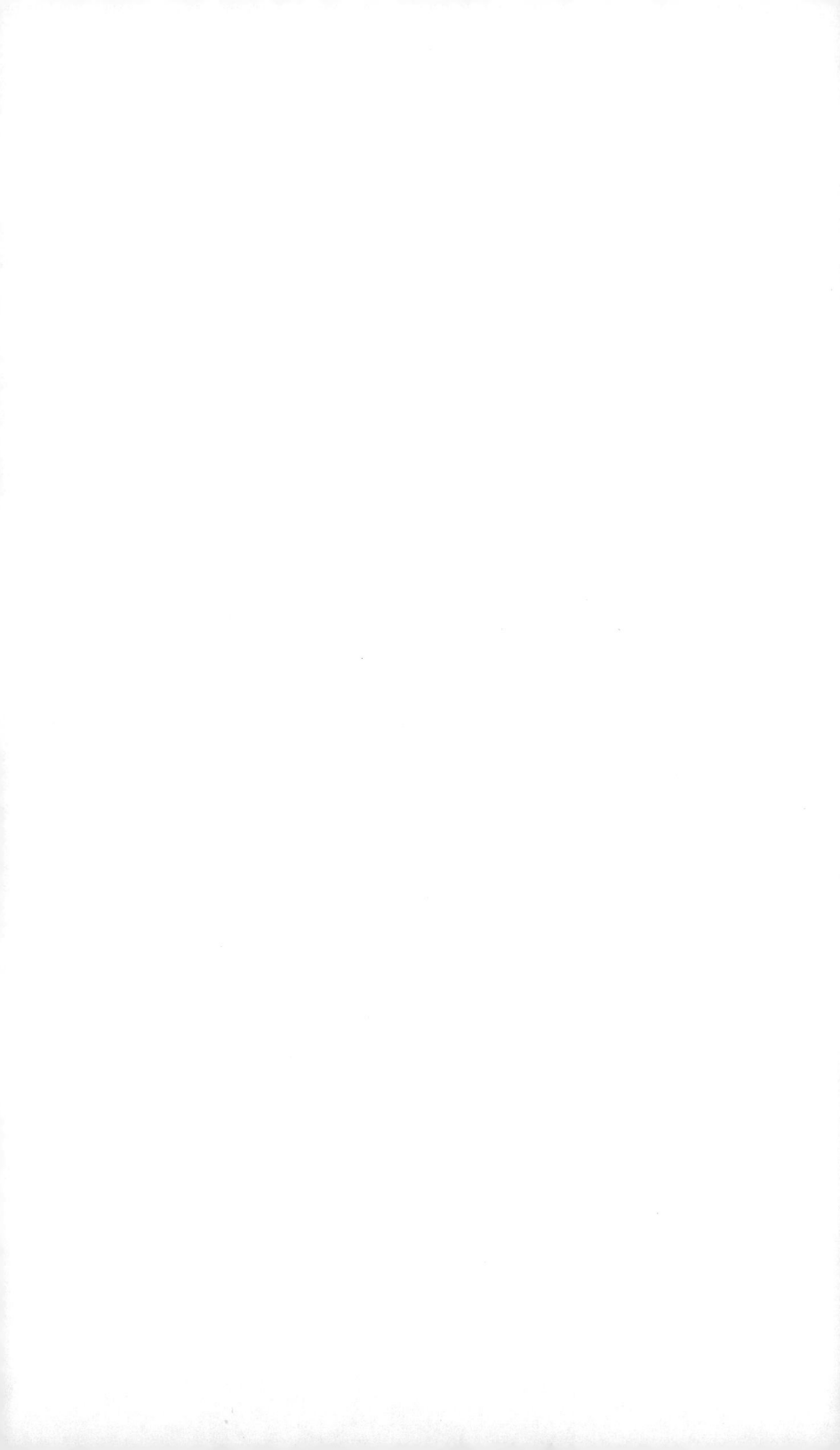